Entonces y ahora

Diversión

Vicki Yates

Heinemann
LIBRARY
Chicago, Illinois

© 2008 Heinemann Library
a division of Reed Elsevier Inc.
Chicago, Illinois

Customer Service 888-454-2279
Visit our website at www.heinemannraintree.com

Designed by Victoria Bevan and Joanna Hinton-Malivoire
Photo research by Ruth Smith and Q2A Solutions
Translation into Spanish produced by DoubleO Publishing Services
Printed and bound in China by South China Printing Co. Ltd.

12 11 10 09 08
10 9 8 7 6 5 4 3 2 1

ISBN-13: 978-1-4329-0838-6 (hc)   978-1-4329-0846-1 (pb)

The Library of Congress has cataloged the first edition of this book as follows:

Yates, Vicki.
  [Having fun. Spanish]
  Diversión / Vicki Yates.
     p. cm. -- (Entonces y ahora)
  Includes index.
  ISBN 978-1-4329-0838-6 (hb--library binding) -- ISBN 978-1-4329-0846-1 (pb)
 1. Leisure--Juvenile literature. 2. Leisure--History--Juvenile literature. 3. Recreation--Juvenile literature. 4. Recreation--History--
Juvenile literature. 5. Amusements--Juvenile literature. 6. Amusements--History--Juvenile literature. I. Title.
  GV182.9.Y3818 2008
  790.1--dc22
                              2007035587

Acknowledgements
The publishers would like to thank the following for permission to reproduce photographs: Alamy pp. **9** (Martin Harvey), **11**
(Steve Skjold), **19** (Mike Watson Images), **22** (Arthur Steel; Comstock Images p. **23**; Corbis pp. **10** (Owen Franken), **18** (Hulton-
Deutsch Collection); Flickr p. **13** (Jimmy McDonald); Getty Images p. **20** (Paul Martin/General Photographic Agency); Irish Press
Archives p. **5** (Thérèse Sheehy-Devine); Istockphoto pp. **7**, **23**; Library of Congress pp. **8**, **12**; Photolibrary.com pp. **6** (Index Stock
Imagery), **15** (Franck Dunouau/Photononstop), **21** (Dynamic Graphics); Science & Society p. **16** (NMPFT Daily Herald Archive),
17 (Ian Hooton/Science Photo Library); Shutterstock pp. **4** (Alex Melnick), **23**; Staffordshire County Records Office pp. **14**, **24**.

Cover photograph of boy with hula hoop reproduced with permission of Getty Images (Photodisc Blue) and photo of boy playing
football reproduced with permission of Corbis (Jim Cummins).
Back cover photograph reproduced with permission of Irish Press Archives/Thérèse Sheehy-Devine.

Every effort has been made to contact copyright holders of any material reproduced in this book. Any omissions will be
rectified in subsequent printings if notice is given to the publishers.

Contenido

Diversión

Hoy en día, a la gente le gusta divertirse.

En el pasado, a la gente también
le gustaba divertirse.

Juegos y juguetes

En el pasado, la gente jugaba a juegos de mesa.

Hoy en día, la gente puede jugar con videojuegos.

En el pasado, la gente movía los juguetes con la mano.

Hoy en día, la gente puede mover los juguetes por control remoto.

En el pasado, los juguetes estaban hechos de madera o metal.

Hoy en día, los juguetes pueden estar hechos de plástico.

En el pasado, los niños jugaban afuera.

Hoy en día, los niños también
juegan afuera.

En el pasado, la gente iba a ver obras de teatro.

Hoy en día, la gente también puede
ir a ver películas.

En el pasado, la gente escuchaba la radio.

Hoy en día, la gente también puede
ver la televisión.

En el pasado, la gente escuchaba discos.

Hoy en día, la gente puede
escuchar CDs.

Comparemos

En el pasado, la gente se divertía
de muchas maneras.

Hoy en día, la gente todavía se divierte de muchas maneras.

¿Qué es esto?

En el pasado, los niños se divertían con este juguete. ¿Sabes qué es?

Respuesta en la pág. 24

Glosario ilustrado

 **CD** un pequeño disco de plástico que contiene música

 **obra de teatro** un relato que se escenifica en un teatro

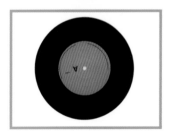 **disco** un disco de plástico negro que contiene música

 **control remoto** una máquina que se usa para controlar algo a distancia

Índice

Respuesta a la pregunta de la pág. 22: Es un juego de un aro y un palo. Los niños hacían rodar el aro con un palo.

Nota a padres y maestros
Antes de leer: Comente con los niños los juegos a los que jugaba usted cuando iba a la escuela. Si es posible, enséñeles a jugar juegos como la rayuela, canicas o matatenas. Pídales que enumeren sus juegos favoritos.
Después de leer: Use la pregunta de la página 22 para hablar con los niños acerca de las diferencias entre los juguetes del pasado y los juguetes de hoy en día. Pida a los niños que indiquen en qué se asemejan y en qué se diferencian.

Usted puede apoyar las destrezas de lectura de no ficción de los niños ayudándolos a usar el contenido, los encabezados, el glosario ilustrado y el índice.